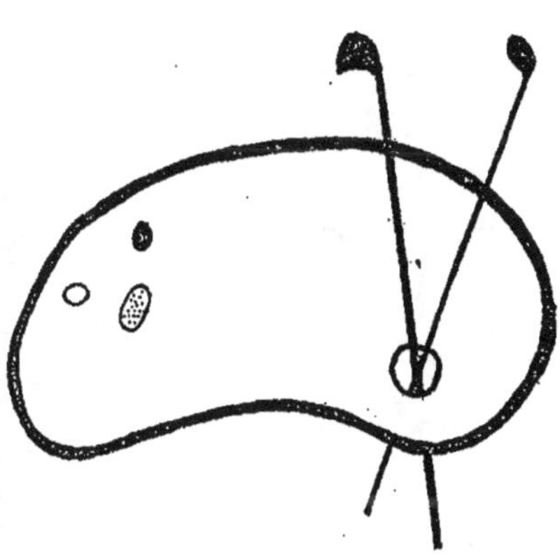

ORIGINAL EN COULEUR
NF Z 43-120-8

Couverture inférieure manquante

RECTO ET VERSO

VOYAGE

AU GOLFE DE TADJOURA

(OBOCK — TADJOURA — GOUBBET-KHARAB.)

PAR

L. FAUROT

Docteur en médecine, licencié ès sciences naturelles.

Extrait de la Revue de l'Afrique française.

PARIS

AU BUREAU DE L'AFRIQUE FRANÇAISE | Et chez BARBIER, LIBRAIRE
7, RUE NICOLE | 31, RUE BONAPARTE

1886

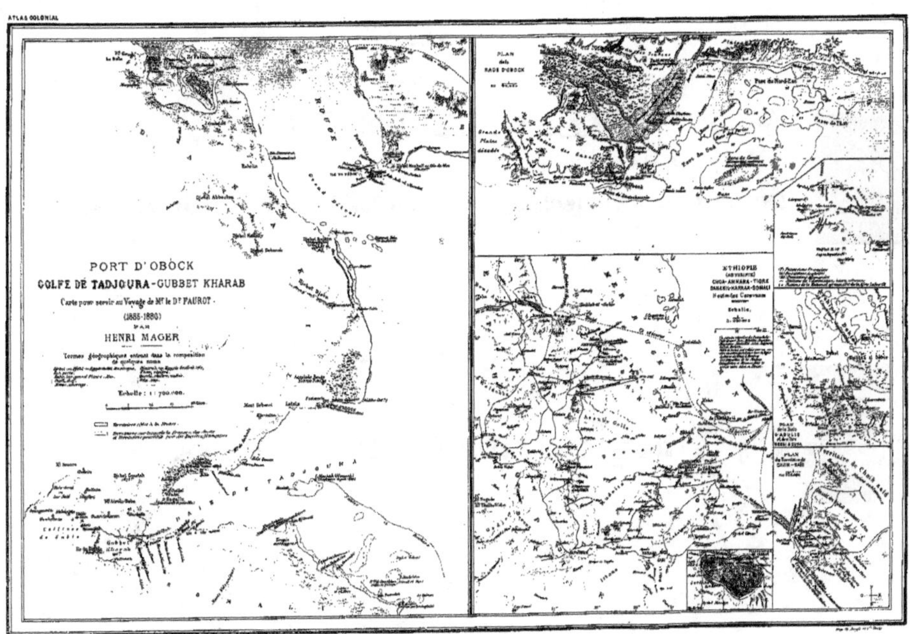
PORT D'OBOCK
GOLFE DE TADJOURA - GUBBET KHARAB
Carte pour servir au Voyage de Mr le Dr FAUROT
(1885-1886)
PAR
HENRI MAGER
Termes géographiques entrant dans la composition
de quelques noms
Echelle : 1 : 700.000
PLAN
de la
RADE D'OBOCK
ÉTHIOPIE
(ABYSSINIE)
CHOA-AMHARA-TIGRÉ
DANAKIL-HARRAR-SOMALI
Régions Contestées
CHARLES BAYLE — 14, rue de l'Abbaye — Paris.

VOYAGE

AU GOLFE DE TADJOURA

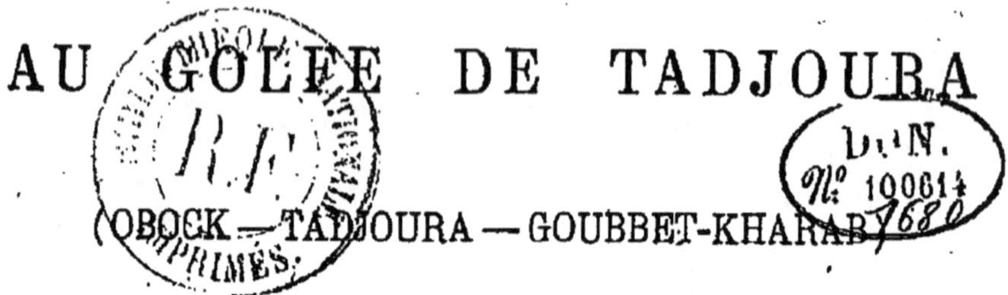

(OBOCK — TADJOURA — GOUBBET-KHARAB)

PAR

L. FAUROT

Docteur en médecine, licencié ès sciences naturelles.

Extrait de la Revue de l'Afrique française.

PARIS

<table>
<tr><td>AU BUREAU DE L'AFRIQUE FRANÇAISE
7, RUE NICOLE</td><td>Et chez BARBIER, LIBRAIRE
31, RUE BONAPARTE</td></tr>
</table>

1886

VOYAGE A OBOCK

Le 31 octobre 1885, je prenais place, à Toulon, parmi les passagers du *Mytho*, à bord duquel étaient embarquées des troupes à destination du Tonkin. Je me rendais à Obock, où le bâtiment devait faire escale.

Le 1er novembre, nous passions en vue de la Corse et de l'île d'Elbe. Les jours suivants : le sommet toujours fumant du Stromboli, les rives pittoresques du détroit de Messine, le profil brumeux de la Crète disparaissent successivement derrière nous.

Le 6, le *Mytho* renouvelait à Port-Saïd son approvisionnement de charbon. Un affreux drapeau jaune, indice de quarantaine, lui fut imposé, bien qu'à Toulon et à bord la santé fût parfaite. Après un arrêt de quatre heures, nous entrons dans le canal de Suez. La vue du désert, celle du lac Menzaleh peuplé de flamands roses, la rencontre de plusieurs navires chargés de pèlerins de la Mecque, contribuèrent à rompre la monotonie de la traversée.

Le 8, dans la soirée, les cimes des monts Horeb et Sinaï se dessinaient nettement sur notre gauche, lorsqu'une violente secousse accompagnée d'un bruit sourd ébranla tout le bâtiment.

Une avarie dans le palier à buter de l'hélice venait de se pro--
duire, et la marche du *Mytho*, entravée par cet accident, se trouva
réduite de treize nœuds à trois.

Le 13, le voisinage du Djebel Teer, autre Stromboli, situé sur
le même degré de latitude que Massaoua et Kartoum, avait fait
prévoir que bientôt le bâtiment s'engagerait dans le détroit de
Bad el Mandeb, lorsque le temps, beau jusqu'alors, devint mauvais. Incapable de poursuivre sa route, le *Mytho* dut louvoyer
pendant vingt-quatre heures autour des îlots Zebayer. Grâce à
l'habileté du commandant, il réussit enfin à gagner la rade de
l'île de Kamarane.

Cette île, dans laquelle je séjournai du 13 novembre au
3 décembre, appartient à la Turquie. La commission sanitaire
internationale en a fait une station de quarantaine pour les
pèlerins venant de l'Inde et se rendant à la Mecque. Trois
corvettes turques étaient au mouillage ; elles sont destinées à
surveiller la côte d'Arabie dont les habitants sont souvent en
rébellion. Leurs commandants ont aussi dans leurs attributions
de faire respecter les règlements de la police sanitaire, ce qui
ne laisse pas souvent d'offrir des difficultés. L'année précédente, un vapeur anglais transportant des pèlerins de Djeddah
refusa d'obéir aux signaux par lesquels on lui enjoignait de
s'arrêter à Kamarane. Quatre obus lui furent successivement
lancés, le dernier tomba à peu de distance de l'hélice. Bien
que cet essai d'intimidation n'ait eu d'effet ni sur la marche ni
sur la direction du navire anglais, l'officier turc n'osa continuer
le tir.

Peu de temps après, le consul britannique de Djeddah présenta des réclamations au sujet de la prétendue offense faite au
pavillon de son pays. Le fonctionnaire turc, cependant, n'avait
agi qu'en se conformant aux règlements de la commission internationale, acceptés par le gouvernement anglais. Il fallut céder
à l'évidence, et le navire avec sa cargaison de mahométans
revint à Kamarane purger sa quarantaine.

Un vieux fort en ruine, voisin du village bâti près de la
rade, et une mosquée qui en est distante d'environ trois kilomètres, présentent dans leurs substructions très anciennnes
des voûtes disposées suivant le style de l'architecture égyp-

tienne. J'y découvris un bloc de diorite sur lequel est gravée une inscription en caractères inconnus aux habitants lettrés du pays.

Parmi ces habitants, on en remarque un grand nombre dont la peau a une teinte cuivrée très marquée. Ce sont sans doute des descendants des « Rouges », les Hymiarites des Grecs, que l'on considère comme identiques aux *Pount*, les ancêtres des Phéniciens. Ces *Pount* habitaient la côte occidentale d'Arabie. Nulle part, dans la suite de mon voyage, je ne vis d'hommes de couleur rouge aussi évidente. Il est à remarquer que les gens du pays se servent, pour filer, d'un fuseau absolument semblable à celui qui était en usage chez les anciens Egyptiens. Je ne sais si dans cette île les hommes seuls ont coutume de filer, mais je n'y ai point vu de femme ayant le fuseau en main.

Après avoir utilisé cette relâche forcée pour les recherches d'histoire naturelle que comportaient la mission dont m'avait chargé M. le Ministre de l'Instruction publique, je dus à la bienveillance du commandant du *Mytho* : M. le capitaine de frégate Constantin, de pouvoir m'embarquer à destination d'Obock, sur le *Météore*, une de nos canonnières envoyée d'Aden. Les hôtes du *Mytho*, moins heureux, devaient attendre *l'Annamite* pour continuer leur route si brusquement interrompue.

J'arrivai le 5 décembre à Obock, après une traversée fatigante. Le seul souvenir que j'aie conservé de mon premier jour dans la colonie est celui de l'excellent accueil que me fit M. le Commandant civil. Non moins gracieuse, et très cordiale, fut aussi la réception que me firent MM. les Médecins et fonctionnaires d'Obock. Dès le lendemain, j'étais pourvu, par leurs soins, de tout ce que l'inexpérience m'avait fait négliger dans mes préparatifs, à mon départ de France.

Deux marins çomalis, que j'engageai à mon service, devaient me suivre dans toutes mes pérégrinations.

Un de ces derniers baragouinait quelques mots de français, d'anglais et d'italien ; moi, de mon côté, je possédais quelques bribes d'arabe. Une pantomime expressive suppléait au reste, et il n'en fallait pas davantage pour nous entendre sur tout ce qui avait rapport à leur service.

J'avais choisi des marins çomalis de préférence à tous autres, car le but de mon voyage ne pouvait être atteint qu'à l'aide de gens accoutumés, comme eux, aux choses de la mer. Je pouvais, en outre, les dresser facilement aux recherches si spéciales de zoologie marine.

Pour tout autre objet, le choix aurait été grand dans le village d'Obock, dont les habitants sont de races fort variées : Danakils autochtones ou de Beïbul, Gallas du Choa, Éthiopiens, Soudanais, Arabes d'Aden, Çomalis Haber-Aonel et Çomalis Essas. Ces divers groupes forment un ensemble d'environ cinq cents individus.

La plus grande partie de cette population ne fait, pour ainsi dire, que passer à Obock. Les Arabes venus d'Aden y sont seuls à demeure fixe ; leurs boutiques, approvisionnées d'étoffes anglaises, de dourra, de café, de sucre, de graisse, etc., ont comme acheteurs les ouvriers danakils et çomalis, qui sont employés aux travaux du port.

Tels sont les habitants de l'établissement. On ne saurait guère, on le voit, lui donner le nom de colonie. La terre cultivable, se composant à peine d'un hectare, est située dans la vallée dite « des Jardins ». La culture, faite à très grands frais, donne d'assez minces résultats, par suite de la sécheresse qui persiste pendant les deux tiers de l'année.

Quant au commerce avec l'intérieur, il ne peut en être question, jusqu'à présent, pour Obock ; la partie montagneuse, située à vingt ou vingt-cinq kilomètres de distance, formant un obstacle à peu près insurmontable aux caravanes. Les indigènes eux-mêmes, qui ne vont qu'à pied, n'ont, dans leurs pérégrinations incessantes, d'autres sentiers que ceux qui longent parallèlement la côte, conduisant soit à Tadjoura au sud-ouest, soit à Raheita et Assab au nord. La stérilité des environs, l'éloignement de tout lieu habité d'une façon permanente par les Danakils, présentent du moins l'avantage d'écarter les compétitions et les convoitises des chefs indigènes. Notre influence politique a même, croyons-nous, plus de chance de s'exercer sur eux, à cause de notre éloignement des points où, par tradition, ils se savent chez eux, et où notre présence éveillerait leurs défiances jalouses. Il est juste d'ajouter que ce n'est pas sur Obock que

le Gouvernement français a fondé ses espérances de commerce ;
c'est sur Tadjoura, lieu où aboutissent les routes du Harrar et
du Choa. Nous aurons l'occasion de revenir sur ce sujet.

Je pensais pouvoir, dès mon arrivée, parcourir sans difficulté
les environs de notre établissement, dans un rayon de quinze à
vingt kilomètres. Aussi je fus très désappointé d'apprendre de
la bouche du commandant civil qu'il était dangereux de s'éloi-
gner à plus de trois kilomètres, et qu'en deçà même de cette
étroite limite, il était bon de ne jamais se montrer sans être
armé de pied en cap. Heureusement, une petite expédition, orga-
nisée par mes hôtes et à laquelle je fus convié, me permit de
juger que, s'il y avait des dangers à courir, un peu de prudence et
la compagnie de mes deux çomalis pouvaient offrir de suffisantes
garanties.

L'expédition, militairement conduite (13 décembre 1885),
avait une avant-garde de trois Danakils et une escorte de six
fantassins de marine. Elle eut pour résultat la reconnaissance
du terrain entre Obock et le pied de la chaîne de montagnes qui
s'étend du nord au sud-ouest de notre établissement. Le point le
plus éloigné que nous atteignîmes porte le nom de : « Aäsali »
(la montagne rouge). Le retour se fit en suivant le lit de l'Atella
et la partie de la côte comprise entre l'embouchure de cet *oued* [1]
et le cap Obock. L'oued Atella, de même que celui qui a donné
naissance à la vallée des Jardins, est le plus souvent à sec. A
peine, tous les trois ou quatre ans, les voit-on pendant un jour ou
deux rouler leurs eaux troubles après quelque orage.

Jusqu'à une distance de cinq à six kilomètres, en se dirigeant
de la mer vers les montagnes, on ne rencontre d'autres accidents
de terrain que des ravinements peu profonds. La végétation
consiste en acacias-mimosas, dont les branches étalées en para-
sol atteignent rarement la hauteur d'un homme. Ces arbustes
sont le plus souvent disposés en petits massifs, séparés par de
longs espaces recouverts seulement de débris de polypiers ou de
coquilles.

La nature géologique du sol explique la présence de ces ves-
tiges d'êtres organisés. Sous une épaisseur qui varie de quatre

---

1. *Oued*, rivière ou plutôt lit d'un torrent presque toujours desséché.

à huit mètres, le terrain est en effet formé de calcaire d'origine marine. Il faut remarquer que la surface de ce terrain est constituée par une couche d'une très grande dureté, par une véritable carapace pierreuse. On se rendra ainsi compte de l'aspect tout particulier des falaises, qui frangent le littoral et le bord des oued ; la couche superficielle, étant plus résistante aux causes de désagrégation que celles qui sont recouvertes par elle, avance en surplomb au dessus de la mer et des vallées.

La raison d'être de cette structure géologique se conçoit assez facilement, si l'on considère que l'humidité atmosphérique absorbée pendant la nuit, ainsi que les pluies qui sont très rares, ne fournissent qu'une quantité d'eau trop faible pour s'infiltrer au delà d'une couche très superficielle. Cette minime proportion a cependant une puissante action chimique sur la couche calcaire lorsqu'elle est échauffée et évaporée par la chaleur. Les polypiers et coquilles qui y sont agglomérés en grande quantité fournissent les particules de carbonate de chaux qui, en se déposant presque sur place, forment cette carapace qui recouvre une grande partie de la contrée.

En se rapprochant des montagnes, le calcaire marin disparaît, l'aridité devient absolue ; et on foule les amas de pierres, qui résultent de la destruction graduelle des contreforts de la chaîne principale. L'Aasali est un de ces contreforts ; ses versants sont formés par des éboulis, son sommet est recouvert de débris, laissant apparaître en de rares endroits les pointements d'une roche qui s'effrite elle-même au moindre choc. Cette montagne est comme une ruine, destinée à disparaître, mais que les décombres amassés autour d'elle protègent encore contre l'œuvre du temps.

Dans cette première excursion, nous ne fîmes la rencontre d'aucun indigène. Les seuls êtres vivants qui se présentèrent à nous furent des gazelles. Les nomades ne devinrent assez nombreux qu'à la fin du mois de décembre et ne séjournèrent que peu de temps.

Le motif de leur apparition éphémère tient à ce que, dans cette contrée, les pluies n'arrosent le plus souvent que des espaces très limités et pendant quelques heures seulement. De loin, les nomades distinguent aisément la région où ce phénomène s'est produit. Ils se mettent en route quatre ou cinq jours après, et lorsqu'ils arrivent, une maigre végétation a poussé dans les dépressions du sol, l'eau s'est amassée dans quelque crevasse connue d'eux. Guettant toujours les différents points de l'horizon, ils ne tardent pas à abandonner le pâturage épuisé, et poussant devant eux leurs chèvres (ce qui, avec les chamelles, est le seul bétail qu'ils possèdent), ils se dirigent là où, de nouveau, ils ont vu des nuages se résoudre en pluie. Dès le mois de mars, on ne trouve plus de pasteurs dans les environs d'Obock ; ils ont disparu du côté d'Aoussa ou d'Assab. Mais aussi, derrière eux, pas une goutte de pluie ne tombera durant tout l'été, et il ne s'y formera d'autres nuages que ceux que le khamsin soulève du sol brûlant, en tourbillons de poussière.

Mes courses, dont le but principal était l'étude des animaux, des plantes et du terrain, furent souvent répétées, soit en remontant le lit de la rivière d'Obock, soit en suivant le littoral, à l'est et à l'ouest. En ces occasions, je fis plusieurs fois la rencontre des pasteurs appelés « Danakils » par les Européens. Ils ne se désignent, cependant, que par le mot de « afara », « les errants » [1]. Bien que d'aspect farouche, ils ne manifestaient aucune intention hostile. Ils paraissaient même montrer assez de confiance à la vue de mes deux noirs, qui comprenaient leur langage ; ce qu'ils mettaient à profit pour répondre aux nombreuses questions qui étaient faites sur ma personne et mes pacifiques occupations. Je revenais rarement sans ajouter à mes récoltes zoologiques et botaniques. Ces excursions devenaient surtout pleines d'intérêt lorsque j'avais l'avantage d'être accompagné par l'un ou l'autre des deux interprètes de la colonie : MM. Oschlager et Henry. Ces messieurs avaient un véritable talent pour se faire des amis de tous les Danakils que nous rencontrions. Les traits de ces derniers abandonnaient bien vite leur immobilité féroce pour s'épanouir sous l'influence d'un bavardage, comparable à celui d'enfants étonnés et rieurs. Ils s'offraient alors à nous désigner les lieux où nous pouvions

---

1. Ce mot serait, paraît-il, plus exactement traduit par : les libres, d'après ce qui m'a été dit par un habitant de la colonie, très versé dans la langue dankali.

(suivant la traduction qui m'était donnée de leurs paroles) « frapper avec la poudre » les gazelles et les onagres. Il nous arrivait ainsi d'être quelquefois entourés d'une douzaine de ces indigènes, pour qui le meurtre d'un homme est un sujet de gloire ; une plume d'autruche dans les cheveux indique ce haut fait.

Sans doute, accompagné comme je l'étais de gens connaissant leur langue et devenus leurs amis, je ne courais aucun risque ; mais il n'en aurait pas été de même si j'avais été isolé. C'est ainsi que, l'année précédente, un Ethiopien de la garde du commandant civil, chassant seul, à deux kilomètres de l'établissement, avait été tué à coups de lance dans le dos, par deux Danakils, pendant qu'un troisième allait à lui en lui tendant traîtreusement la main.

Les Danakils sont en général de haute taille, leur visage n'a rien de celui du nègre de Guinée ; leurs traits sont même plus fins que ceux des Ethiopiens que j'ai pu observer. Leur peau est d'un noir de suie. Leurs cheveux sont frisés et non pas laineux. Leur angle facial ne diffère pas de celui des Européens.

Ils passent pour traîtres. Un Français (M. Labattut), qui est à son sixième voyage au Choa, et qui a traversé cinq fois leur territoire, me disait qu'ils n'attaquent que pendant la nuit, en faisant grand bruit par le choc des lances sur les boucliers, dans le but de mettre la panique parmi les mulets et les chameaux des caravanes. Ils ressentent peu la douleur d'une blessure ; si toutefois on peut porter ce jugement, d'après ce que j'ai observé chez un de leurs enfants, qui se laissa, en riant, arracher un ongle tenant encore au pouce par les deux tiers de sa base. Sa petite sœur, qui avait opéré en tirant de toutes ses forces, riait elle-même en s'apercevant des marques de dégoût que je manifestais à la vue de ce spectacle.

La variété de race des habitants d'Obock est aussi à remarquer. Le temps ne nous a pas permis d'en faire une étude très approfondie. Les Çomalis s'y font surtout remarquer par leurs danses et leurs jeux bruyants. Bien que vivant en fort bon accord avec les Danakils, ils ne se mélangeaient point avec eux dans ces réjouissances. Ils avaient même leurs mosquées distinctes. Les uns et les autres professent cependant la même forme de maho-

métisme. [1] Les Danakils, il est vrai, sont beaucoup moins fer-
vents.

Les mosquées, au nombre de trois ou quatre, ne ressemblent
en rien aux constructions auxquelles ce nom s'applique d'habitude. Ce sont des surfaces de terrain nettoyées, aplanies, pouvant contenir une douzaine de personnes, que limitent des carrés
faits soit de pierres, soit de grosses coquilles (strombes). A la
face N.-N.-E. de ces enceintes quadrangulaires, une légère
courbe, formée des mêmes matériaux, indique la direction de la
Mecque ; elle est réservée à l'iman, au moment de la prière.

Les cabanes du village sont régulièrement alignées à droite
et à gauche d'une large rue ; elles sont construites de la même
façon que celles habitées par les Arabes de Kamarane, avec des
nattes fixées à des branchages entrelacés. Parmi ces cabanes,
celle du médecin arabe ou *akim* attire l'attention : la porte toute
grande ouverte laisse voir de nombreux patients, sur le dos desquels sont fixées des cornes de bœuf. Elles font office de ven-
touses ; leur petite extrémité est percée d'une ouverture, que
l'akim obture avec une boulette de cire dès qu'il y a fait le vide
avec sa bouche. Après une première application, faite à sec,
l'opérateur, armé d'un couteau, pratique plusieurs scarifications
recouvertes aussitôt d'une corne, à l'intérieur de laquelle le sang
afflue par le moyen d'une nouvelle aspiration.

Ces instruments primitifs sont aussi fort en usage en Algérie.
Les médecins çomalis préfèrent à ce mode de saignée la section
d'une des veines sublinguales, ou encore de larges estafilades
sur les différentes parties du tronc.

Je fus témoin, un soir, dans l'une de ces cabanes, d'un spectacle que je vais essayer de décrire : Quelques musiciens et
danseuses de race galla y étaient réunis ; les premiers, au nombre
de cinq ou six, se mirent à frapper de leurs poings de gros
estagnons en zinc. Le rythme se composait de deux sons :
l'un retentissant, l'autre plus faible, se répétant sans interrup-
tion. Chacun des musiciens (!), frappant de concert, faisait à
chaque coup, vigoureusement frappé, un mouvement de tête en
avant, et psalmodiait une sorte de litanie. Les danseuses res-

---

[1]. De même que les Arabes d'Arabie, les Çomalis et les Danakils appartiennent au rite sunnite, dit orthodoxe.

tèrent d'abord accroupies et silencieuses, marquant la mesure du même mouvement de tête. Peu à peu le mouvement se précipita.

Cela durait depuis un quart d'heure, lorsqu'une des femmes, qui semblait hypnotisée, se dressa subitement sur ses pieds, et tout aussitôt la musique redoubla d'intensité.

Toute notre attention fut alors portée sur la danseuse qui, haletante, les yeux fixes, les traits immobiles, agitait furieusement sa tête comme un battant de cloche, si bien que son menton frappait sa poitrine, sa nuque, et son dos.

Ces *contorsions de possédée* durèrent six grandes minutes, au bout desquelles la femme eut une contraction brusque de tout le corps qui se rejeta en arrière, tombant presque à la renverse. Elle revint à elle presque immédiatement, comme échappant à un lourd sommeil, en disant : *sala, sala* (mal, je me sens mal). Le silence qui s'était fait ne fut pas de longue durée ; car une seconde, puis une troisième femme entrèrent successivement en mouvement pour se livrer au même exercice.

Tel est le spectacle que l'on me désigna sous le nom de danse, et qui serait très en honneur chez les Gallas. Il me rappela ce que j'avais observé, il y a huit ans, en Algérie, dans la partie de l'oasis de Biskra, habitée exclusivement par les nègres. Les filles de ces derniers se livrent, les jours de fête, à d'aussi sauvages contorsions. Dans une de ces dernières circonstances, je vis une des danseuses à bout de force, incapable de se tenir debout, s'abattre sur les deux mains, les cheveux dénoués balayant le sable dans le va et vient rapide de sa tête ; et les deux coudes ayant fléchi, le front se mit à frapper le sol, jusqu'à ce qu'enfin les parents, intervenant, l'eussent emportée en dehors du cercle de spectateurs.

Tout ce dont j'avais été témoin, s'explique par un sommeil nerveux particulier (hypnotisme) ; lequel, comme l'on sait, peut être provoqué artificiellement à l'aide de divers procédés, dont le plus ordinaire consiste à obtenir par la fixité du regard la fatigue de la vue. Ici, les sons violents, toujours les mêmes, incessamment et rythmiquement répétés, amenaient le sommeil, en agissant sur l'oreille de la même façon qu'agit la fixité prolongée du regard sur le sens de la vue. Dans l'un et l'autre cas, il faut tenir compte des prédispositions, soit naturelles, soit conférées par une sorte d'habitude. — Je ne m'étendrai pas davantage sur ce sujet.

Pour être plus complet sur Obock, il me resterait à parler de son avenir, des projets en voie de réalisation, et de ceux que l'on prépare. Notre établissement a été créé pour trouver, ailleurs que chez les Anglais, un refuge, des ressources en vivres, en charbon. Le point choisi sur cette côte orientale d'Afrique est-il préférable à tout autre ? Offre-t-il des avantages égaux ou supérieurs à ceux d'Aden, au point de vue des approvisionnements ?

Je serai bref là-dessus, m'estimant insuffisamment renseigné. Je crois cependant pouvoir dire qu'actuellement (mai 1886), la rade d'Obock balisée et éclairée peut recevoir nos transports et nos navires de guerre. Le voisinage de Zeyla permettrait de s'y pourvoir, plus facilement qu'à Aden, de bœufs et de moutons. Quant à la production de légumes et à l'existence de l'eau douce, Obock ne pourra jamais être comparé à Aden, qui possède à proximité les jardins de Cheik-Othman. Un aqueduc conduira bientôt jusqu'à Stamer-Point une eau courante ; tandis qu'à Obock, il est probable qu'en dépit des travaux que l'on pourra tenter, pour creuser des puits ou endiguer la rivière, on devra, comme à Assab, continuer à recourir à l'eau distillée par de coûteuses machines. Aden est en outre puissamment défendu contre toute attaque de l'intérieur, par des lignes de retranchements construites sur des sommets inaccessibles ; tandis que notre faible garnison d'Obock, [1] logée dans de frêles constructions éparses sur un plateau immense, n'a encore, pour tout ouvrage de défense, qu'un buisson de mimosas.

TADJOURA. — GOUBLET-KHARAB.

Le golfe de Tadjoura se prolonge du N.-E. au S.-O., jusqu'à près de cent kilomètres dans les terres. Sa largeur, qui depuis Obock jusqu'au cap Jiboutil, est d'environ cinquante kilomètres, va en diminuant graduellement jusqu'à l'entrée du Goubbet-Kharab, dont le goulet mesure à peine mille mètres. Au milieu de ce goulet, un écueil volcanique barre le passage, et c'est en

1. Elle a été récemment réduite à 40 hommes.

rasant de près le côté nord de cet obstacle qu'un vapeur peut trouver assez de fond pour pénétrer dans la baie de la Désolation (Goubbet-Kharab).

Cette baie, en raison de l'étroitesse de son entrée, est comparable à un grand lac. Sa forme, irrégulièrement ovale, a son grand axe (20 à 22 kilomètres) à peu près perpendiculaire à celui du golfe de Tadjoura, c'est-à-dire qu'il est orienté N.-O. S.-E.

En suivant les côtes depuis Obock jusqu'au fond de Goubbet-Kharab, on les voit peu à peu s'élever, devenir collines, puis montagnes de plus en plus escarpées.

La profondeur de la mer, mesurée en partant du même point, présente un accroissement parallèle. Le plomb de sonde, jeté à égale distance entre les deux rives du golfe, indique de 55 à 80 mètres à l'entrée, de 80 à 110 au milieu. Et après avoir franchi le seuil très élevé du goulet du Goubbet, on trouve presque immédiatement des profondeurs de 155 à 200 mètres.

Je mis à exécution mon projet de visiter en naturaliste ces rivages, dont différents traités nous ont assuré la possession, ou au moins le protectorat. Dans ce but, j'affrétai un boutre de seize tonneaux, le premier qui eût été francisé, sur cette côte. Je dois ici exprimer tous mes remerciements à M. Henry, l'interprète civil de la colonie, qui mit tous ses soins au recrutement de l'équipage et à l'aménagement intérieur de l'embarcation. J'ajouterai que ses efforts eurent un plein succès. La cale, la cabine, le petit pont qui la surmontait à la manière d'une dunette, furent désinfectés, nettoyés. Une toile de tente compléta l'installation de l'arrière, où, en compagnie d'un jeune aide-médecin de marine (M. Luc), qui voulut bien s'offrir à m'accompagner, nous pouvions être relativement à l'aise. Les fusils de chasse, revolvers, deux fusils Gras, un appareil photographique, les bagages y furent arrimés, avec quantité de munitions. Tout le reste du bateau était occupé par les quatre hommes d'équipage, les deux çomalis, et le patron : Ali Saïd Nakouda. A fond de cale, avec le lest, étaient placées des provisions pour vingt jours, de l'eau pour un mois ; car nous ne pouvions compter découvrir de l'eau douce sur les rives désolées du Goubbet-Kharab. Enfin, tout à fait à l'avant, huit moutons, réserve de viande fraîche, étaient solidement maintenus, en prévision du roulis.

Le départ devait se faire le 29 janvier au matin, mais une pluie violente, dont nous ne pouvions prévoir la durée, le retarda jusque dans la soirée. A deux heures, l'appareillage se fit par un grand soleil et une bonne brise. A ce moment, la marée était haute, la sortie du port se fit sans avoir à craindre de toucher les nombreux récifs de polypiers qui enferment le port d'Obock. Ces récifs, comme on sait, doivent leur existence à des dépôts calcaires, secrétés par des animaux ayant l'apparence de plantes (zoophytes); ils avaient déjà fait l'objet de mes observations. Souvent, à marée basse et par une mer calme, j'en avais parcouru la surface. Ces bancs de polypiers s'interrompent brusquement au sud, par une paroi verticale dont la base est à 15 ou 20 mètres de profondeur. Pour bien juger de l'étonnante végétation animale, il faut parvenir jusqu'auprès de cette limite, qui reçoit constamment le choc des vagues venues du large. Là seulement, sous l'influence de l'agitation qui en résulte, le récif est véritablement vivant : les polypiers s'y élèvent en buissons plus touffus, en sphères plus volumineuses, en méandres plus accentués. Une lutte très intéressante s'y établit entre la désagrégation que la violence de la mer produit incessamment, et la production persistante de la matière calcaire sous cette même influence. Plus la destruction est active, plus la production s'affirme, et les débris eux-mêmes, qui sont rejetés plus ou moins loin du lieu de la lutte, continuent à vivre et à croître, bien que déplacés et entrechoqués à chaque mouvement de flux et de reflux.

Après avoir dépassé le *chab* (c'est ainsi que les marins arabes désignent les bancs de polypiers), le patron Nakouda gouverna droit sur le cap Duan, reconnaissable aux assises de lave étagées en gradins qui le constituent. Plus loin et moins éclairé, se profilait un second cap : le *Ras-Ali*. Nous pensions pouvoir arriver avant la nuit, dans une petite baie, au pied du premier cap ; mais en route, sur la promesse qui me fut faite par Nakouda de trouver un mouillage mieux abrité, une végétation plus riche, nous résolûmes d'aller jusqu'au *Khor-Ali*, à six milles plus loin, tout près du second cap. Bientôt, la brise, qui jusque là nous menait bon train, tomba tout à coup. La nuit nous surprit à trois milles de la côte. A 10 heures cependant, l'ancre fut jetée tout près du rivage, à l'entrée du Khor [1].

Le lendemain à 7 heures, le canot est mis à flot, et nous débarquons : mon compagnon, moi, Nakouda et mes deux Çomalis, tous armés en prévision de gibier à tirer, et aussi de Danakils à tenir en respect. Le reste de l'équipage, pendant notre absence, devait s'occuper de conduire à terre pour la journée, les provisions, les ustensiles de cuisine et le petit troupeau de moutons dont un homme avait la garde.

Tout près de nous, une véritable prairie occupait un espace d'environ un kilomètre carré, et se trouvait comme close, à notre gauche, par une haute coulée de lave ; à notre droite, par le flanc crevassé d'une falaise de calcaire corallien. Mais cette enceinte, qui paraissait infranchissable, laissait un étroit passage entre la falaise et la coulée de lave. De la petite plage de galets où nous avions atterri, la vue s'étendait sur un immense horizon de collines boisées, dont les contours arrondis s'échafaudaient graduellement jusqu'à des montagnes arides d'un aspect rougeâtre et couronnées par une crête dentelée.

Après avoir gravi les premières collines, une gorge profonde s'ouvrit sur notre gauche. La mer pénétrait assez profondément entre ses deux versants, formés de blocs de lave dont la couleur, aussi noire que l'anthracite, contrastait singulièrement avec la verdure des fourrés de mimosas qui tapissaient les sommets. Cette gorge étant plus facilement accessible par mer, que de la hauteur où nous nous trouvions, nous en ajournâmes l'exploration. Chemin faisant, mes Çomalis me signalèrent des arbres à encens, mais en petit nombre et de ceux dont le produit peu odorant sert à falsifier d'autres résines plus précieuses. Les feuilles de ces arbres sont rares et petites, elles laissent à découvert un entrelacement de branches et de rameaux, qui sont couverts de longues épines. Ces végétaux ont cependant une végétation assez active, grâce à l'écorce verte, qui en revêt toutes les parties. Cette enveloppe que l'on aperçoit jusque sur les épines a, dans la vie de la plante, le même rôle important qu'ont les feuilles, dans les autres plantes.

1. Mot servant à désigner les embouchures de rivière dans lesquelles la mer pénètre plus ou moins profondément.

Le gibier se montrait assez nombreux, et sa poursuite nous occupa jusqu'à onze heures. Dans une large vallée sillonnée de lits de galets, des *digs-digs* (Cephalophus Hemprichi) s'enfuirent à notre approche. Le corps, de la taille d'un lièvre, rappelle par sa forme celui de la gazelle ; les pattes longues et menues deviennent presque invisibles dans les bonds rapides de ces animaux. L'un deux fut abattu par mon compagnon, qui se promettait d'en conserver la fourrure ; mais avant que j'eusse le temps d'intervenir, Nakouda s'empressa d'achever la bête agonisante en lui tranchant la moitié du cou. Il se conformait en cela à l'usage mahométan, qui ne permet de manger la chair d'un animal qu'autant qu'il a été saigné. Ce zèle inconsidéré ôtait à la dépouille toute sa valeur. Notre chasse fut interrompue par une pluie battante qui nous força de regagner le rivage en toute hâte.

L'averse avait cessé lorsque nous nous trouvâmes assis devant nos provisions, à peu de distance de la plage, sous un acacia-mimosa, l'unique arbre de la prairie. Comme tous les individus de son espèce, cet arbre, lorsqu'il atteint toute sa hauteur, est admirablement conformé pour prêter un abri au voyageur ; ses branches nombreuses et rapprochées partent du tronc, à peu de distance du sol, s'élèvent à près de un mètre sous un angle très aigu, puis rayonnent horizontalement dans tous les sens. Celui sous lequel nous nous trouvions, n'étant gêné par aucun voisin, couvrait de ses rameaux une très grande surface ; et, lorsque les Çomalis eurent accroché à ses branches la toile de tente, nous eûmes un abri qui ne laissait rien à désirer.

Vers trois heures, nous mîmes à exécution notre projet de pénétrer dans la gorge que nous avions aperçue le matin. Le canot nous y conduisit en passant par une large crique, sorte de port naturel. Dans le courant de l'année 1857, le pacha Abou-Becker avait offert ce mouillage à la France. Cette proposition ne fut pas jugée acceptable par le comte Russel [1]. A la suite de ren-

---

1. Le comte Russel, chargé d'une mission par le gouvernement impérial pour chercher le point le plus convenable à un établissement maritime sur la côte orientale d'Afrique, considérait le port d'Obock comme n'ayant aucune valeur. Ses préférences s'étaient portées sur Berbera dont les Anglais se sont récemment emparés sous le couvert de la domination égyptienne.

3

seignements défavorables recueillis sur cette localité, il résolut
même de ne pas s'y arrêter. (*Une mission en Abyssinie*,
page 219.)

Bien que la mer fût basse, nous accostâmes à près de 400
mètres de notre point de départ. Des échassiers blancs (Herodias
garzetta), perchés à quelques pas de nous sur des palétuviers,
ne s'effarouchèrent point de notre présence. Il n'en fut pas de
même d'une foule de crabes terrestres, qui s'empressèrent de se
réfugier dans leurs terriers. Les yeux de ces animaux présentaient
une disposition tout à fait inverse de celle de leurs congénères
marins. Ces derniers ont les yeux placés à l'extrémité de pédoncules très mobiles, ce qui leur permet de diriger leur vue dans
toutes les directions. Chez ceux que nous avions mis en fuite,
les yeux étaient, au contraire, placés près de la base de ces
pédoncules, qui se trouvent ainsi tranformés en organe de
protection.

La capture de plusieurs de ces crabes ayant satisfait mon
ambition de naturaliste, notre petite troupe continua à cheminer
en donnant la chasse à de nombreuses tourterelles. Les détona-
tions répétées nous étaient renvoyées en échos formidables ;
aussi point n'est besoin de chercher pourquoi nous ne rencon-
trâmes aucun Danakil, ces derniers, paraît-il, ayant pour les
armes à feu une crainte superstitieuse.

Entre les blocs de lave qui s'élevaient à notre droite et à notre
gauche, plusieurs *damans* se montrèrent, mais pour disparaître
aussitôt. Les petits mammifères que l'on nomme ainsi se
trouvent aussi en Abyssinie, au cap de Bonne-Espérance, en
Syrie, etc. Ils présentent, on ne l'ignore point, des particularités
de conformation fort intéressantes, au point de vue de l'anatomie
comparée.

Nous renonçâmes à pousser plus loin notre excursion ; les
fourrés, les pentes raides des coteaux se multipliaient. A la nuit,
qui, dans ces contrées, arrive après un crépuscule de très courte
durée, nous étions à bord du boutre, assez éloigné de terre pour
ne pas avoir à craindre de surprise. Cette mesure de prudence,
qui n'avait rien d'excessif, fut observée pendant presque tout le
cours du voyage.

Le lendemain 31 janvier, à huit heures du matin, après avoir hissé à notre bord le pavillon tricolore, nous mouillions à cinq cents mètres de la plage de Tadjoura. Le peu de profondeur de l'eau ne nous permettait pas de nous en rapprocher davantage. Tout près de nous, trois boutres attendaient un vent favorable pour se diriger sur Aden. Leurs produits d'importation sont, avec les étoffes de fabrique anglaise, du fer et du cuivre dont on fait dans le pays, des lances, des lames et des poignées de couteau (gillé). Comme il n'existe aucune culture dans le pays, les marchands arabes importent aussi du dourra. Ces mêmes marchands exportent de Tadjoura des cuirs, quelques moutons et, dit-on, des esclaves. On voit aussi tous les ans plusieurs boutres venir se charger de polypiers frais, dont on fait une chaux très estimée sur la côte d'Arabie [1].

Aussitôt à terre, nous nous trouvâmes, mon compagnon et moi, en face du sergent d'infanterie de marine qui, avec une escouade de six hommes, habite le petit fortin dont les murs dominent Tadjoura. Après lecture d'une lettre, que je devais à l'obligeance de M. le lieutenant Lironcourt, commandant de la petite garnison d'Obock, le sergent nous offrit, et nous acceptâmes, un logis spacieux, que le voyage en boutre nous fit apprécier grandement.

Le fort, où une chambre fut mise à notre disposition, avait été, une première fois, construit à l'époque de l'occupation anglo-égyptienne. Sa situation sur un plateau de forme rectangulaire, dont l'accès n'est facile que par un de ses petits côtés, en rendait la défense facile. Des canons sans affût et des boulets, les uns et les autres rouillés, gisent encore çà et là, sur ses remparts en ruine. C'est au milieu des décombres que nos soldats campèrent il y a trois mois ; aussi fûmes-nous frappés de voir qu'en aussi peu de temps ils avaient réussi à édifier des constructions aussi vastes et aussi solides.

Le soir, nous fîmes une visite au sultan Ahmed ben Mohamed, lequel, disent les traités, commande de Raz Ali au

1. A Aden, on ne fait usage pour les constructions que de cette chaux ou de celle qui résulte de la calcination de coquillages. A Obock, j'ai vu utiliser les polypiers et les coquilles subfossiles qui, par suite de l'altération qu'elles ont subie depuis des siècles sous l'influence des agents atmosphériques, donnent un produit très inférieur.

Goubbet Kharab. Ce titre de sultan (dardar, en langue dankali) n'est pas héréditaire, pas plus que celui de vizir (bouleïta). L'un et l'autre appartiennent alternativement aux deux plus puissantes familles de Tadjoura. Ainsi, à la mort du sultan actuel, c'est le vizir, ou un membre de la famille de ce dernier, qui prendra le titre de sultan ; et ce sera l'aîné de la famille du sultan, qui aura droit à la dignité de vizir. Le pouvoir n'est pas absolu, car toutes les fois qu'une décision doit être prise, elle n'est rendue qu'après avis préalable des notables. Quant à la fonction de bouleïta, elle serait, paraît-il, purement honorifique ; car lorsque le dardar s'absente du village, c'est un des notables qui prend en main l'administration. Ces institutions paraissent dénoter un certain degré de civilisation que les Danakils sont loin de posséder. Ils n'ont ni histoire ni traditions, et leur ignorance est extrême.

Pour les Arabes, bien que plus avancés dans la civilisation, ils n'ont cependant aucune institution politiqu e analogue, et le peuple ne participe point au gouvernement comme chez les Danakils. La raison de cette différence est due, sans doute, à ce que, chez les Arabes, le pouvoir des chefs est empreint d'un caractère religieux. Il n'en n'est pas de même chez les Danakils. Leur conversion à l'islam n'est du reste qu'apparente ; aussi est-il très rare d'observer chez eux ces pratiques de culte extérieur, ces génuflexions et prosternations quotidiennes si fréquentes chez les disciples de Mahomet.

L'habitation du sultan ne diffère des cabanes voisines que par l'espace plus grand qu'elle occupe et par les nombreuses dépendances qui en font partie. Ce personnage posséderait, m'a-t-on dit, trois enclos de cabanes, chacun d'eux semblable à celui où nous fûmes introduits. Cela suppose l'existence d'autant d'épouses princières. En attendant son arrivée, on nous fit asseoir sur une sorte de divan fait d'un cadre de bois, recouvert d'un tapis de fabrique anglaise. Notre attente ne fut pas de longue durée ; le sultan entra, nous tendit la main en disant : « *salam* », ce à quoi nous répondîmes.

Une veste brodée d'or à nu sur la peau, les plis bouffants d'un pantalon d'une éclatante blancheur, retenu aux hanches par une ceinture de soie bariolée et le turban qui lui enveloppait la tête, lui donnaient l'extérieur d'un Arabe. Mais sa peau noire et surtout le *gillé*, arme nationale, dont les Danakils ne se séparent jamais, nous rappelaient sa nationalité. Sa haute taille, ses mouvements pleins de nonchalance, ne manquaient pas de distinction, malgré ses paupières mi-closes et ses traits impassibles, qui lui donnent une apparence somnolente.

Il s'assit sur un fauteuil pliant, et sa suite, composée de quatre ou cinq indigènes à l'air rébarbatif, s'accroupit sur le menu gravier qui tapissait la cabane. Pendant que l'interprète lui traduisait nos salutations, un serviteur présenta à mon compagnon et à moi un énorme bol de lait qui, aussitôt vidé, fut remplacé par un autre de même capacité. Nous dûmes nécessairement refuser, au risque de mécontenter notre hôte. Je lui fis part de mon projet de visiter le littoral. Feignant d'ignorer la récente prise de possession d'Ambado par le commandant civil d'Obock, il nous demanda si ce point de la côte du golfe Tadjoura appartenait aux Anglais ou aux Français. Je lui répondis qu'Ambado ne pouvait appartenir qu'à la France. Après diverses questions sur le pays, sur les caravanes, sur le but de mon voyage, je quittais le sultan après en avoir obtenu la promesse qu'il me permettrait de le photographier. Il revêtit pour la circonstance une houppelande rouge, ornée de tresses d'or. Il eut soin de me faire remarquer que cet éblouissant vêtement lui avait été donné en cadeau, non point par le grand chef français, mais par le khédive d'Egypte.

Dans les *Notices coloniales* publiées en 1885, le sultan Ahmed ben Mohamed est désigné comme régnant sur les Adaïls, lesquels seraient au nombre de 4,000. En réalité, ce chef a très peu d'influence en dehors de son village, qui n'a pas plus de 800 à 1,000 habitants. Chaque année, le sultan reçoit du gouvernement français une somme de 8,000 francs. Ce présent, qui porte officiellement le nom de coutume, a pour effet d'exciter la convoitise de ses puissants voisins de l'intérieur ; aussi est-il obligé de leur en céder la plus grande partie. Quant aux Adaïls, qui forment un ensemble de tribus redoutables, ils vivent assez loin de Tadjoura, dans la direction du nord-ouest, sur les bords de la rivière Aouach. Ces tribus sont gouvernées par Amphallé, dardar d'Aoussa, qui, jusqu'à présent, n'a reçu qu'avec méfiance les avances venues tant des Français d'Obock que des Italiens d'Assab.

Tadjoura offrirait des conditions très favorables au commerce, si son mouillage était plus sûr. Sur le large espace qui s'étend depuis Massaoua jusqu'à Zeila, aucun point de la côte orientale d'Afrique n'est mieux placé pour pénétrer dans l'intérieur. Tadjoura a même cet avantage sur ce dernier port, qu'on y est de huit jours de marche plus près de la frontière fertile du Choa, but de toutes les caravanes. Les plus grands obstacles qui, jus-qu'ici, se sont présentés à l'organisation de ces dernières, sont surtout la difficulté de se procurer un nombre suffisant de chameaux de charge et la nécessité de satisfaire à l'avidité des tribus dont il faut traverser le territoire. A Zeyla, il est facile de rassembler en quinze jours ou un mois, cent à cent cinquante chameaux ; car les Çomalis Essas qui habitent le pays ont l'habitude d'élever un grand nombre de ces animaux pour le transport des marchandises. Il en est autrement à Tadjoura, où les Dana-kils n'ont de chameaux que pour leur usage personnel. Telle est la raison pour laquelle, depuis l'année dernière, les caravanes parties de Tadjoura ont mis de trois à six mois avant d'être com-plètement organisées.

Cependant, deux d'entre elles s'étaient adjoint des gens influents du pays, tel qu'un des fils de Loïta, dardar de Gobad, et Mahomed, fils de feu Abou-Becker, pacha de Zeyla. Il est même arrivé plusieurs fois que, tous les chameaux nécessaires au voyage étant rassemblés, une bande d'indigènes s'en empa-rait la nuit, par surprise. Aussi, dans ces derniers temps, nos compatriotes, malgré la dépense qui en résulte, ont-ils jugé préférable de louer à la fois les chameaux et leurs propriétaires, ces derniers ayant intérêt à faire bonne garde.

C'est à un kilomètre du village, sous un massif de palmiers-dattiers, que les commerçants français installent d'habitude leurs campements [1]. Nous y fîmes la rencontre de M. Brémond

1. Caravanes parties de Tadjoura depuis 1885 :
1re dirigée par MM. Chefneux.
2e   —   Pinot et Mohamed, fils d'Abou-Becker.
3e   —   Barral et Savouré, avec le fils de Loïta, dardar des
                     Debenés (Gobad).
4e   —   Brémond et Borelli.

dont nous reçûmes le meilleur accueil. L'expérience que lui ont donnée ses nombreux voyages sur les côtes occidentales et orientales d'Afrique, la considération toute particulière dont il jouit auprès de Ménélik, roi du Choa, assurent le succès de ses entreprises. Dans son camp, les marchandises sont dissimulées sous des tentes et disposées de manière à occuper le moins de place possible. Une vingtaine de vigoureux Ethiopiens, parfaitement disciplinés et armés de remingtons, sont constamment prêts à se rallier à lui à la moindre alerte. Nous visitâmes aussi un autre de nos compatriotes, M. Raimbaud, qui, depuis trois mois, s'efforçait de rassembler des moyens de transport. Le sultan consentait à lui venir en aide, mais non sans exiger avant tout un *bakchich*.

Le 3 février, à six heures du matin, nous quittons Tadjoura après avoir embarqué avec nous un guide dankali que le sultan nous avait conseillé de prendre pour le cas où il aurait fallu parlementer avec les indigènes que l'on disait fort nombreux à cette époque de l'année, sur les rives du Goubbet-Kharab.

Sur notre droite, nous reconnaissons Sagallo que signale de loin une maison blanche bâtie sur la rive. Derrière lui, s'étend une grande plaine couverte de mimosas. A 10 heures, nous sommes en face de l'entrée du Goubbet, limitée par deux noirs promontoires de lave également orientés N.-S. Entre eux, surgit un petit écueil. Au delà, on entrevoit une nappe d'eau enserrée entre de hautes montagnes volcaniques.

Nous filions vent arrière, condition favorable pour franchir l'étroit défilé, mais la ligne d'écume produite par les brisants qui réunissent l'écueil aux deux caps indiqua à Nakouda que c'était tout au plus si un mètre d'eau recouvrait le seuil du détroit. Un îlot allongé, qui s'étendait parallèlement au promontoire sud, abritait une plage de sable. C'est là que nous mouillons pour attendre jusqu'au lendemain matin l'heure de la marée haute. Le canot nous conduit à terre, laissant nos

Caravanes en organisation (mai 1886) :
1re dirigée par MM. Labbatut.
2o   —   Soleillet.
On a appris par les journaux (avril 1886) que la caravane Chefneux, de retour, a rapporté la nouvelle du massacre de M. Barral et de la plupart de ses compagnons.

armes à bord du boutre, car sur cet îlot désert, n'apercevant du
côté de la terre que des roches dénudées, nous ne pensions pas
avoir à craindre de visite importune. Il n'en fut pas ainsi cependant, car à peine notre feu de cuisine était-il allumé près d'un
groupe de palétuviers que des cris retentirent. Mon compagnon
et moi, nous vîmes Nakouda et les deux Çomalis sauter dans
le canot et ramer de toutes leurs forces vers le boutre, d'où les
cris d'alarme avaient été poussés par l'équipage.

Cette fuite précipitée nous donna quelque appréhension, car
nous ne pouvions douter qu'elle n'eût une cause sérieuse. Por-
tant nos regards du côté du continent, nous vîmes enfin une
bande de quinze indigènes, armés de lances, s'apprêtant à passer à gué le chenal qui les séparait de nous. Mais déjà le canot,
de retour, accostait avec toute notre artillerie. Quelques coups
de feu tirés en l'air, arrêtèrent net l'élan des nouveaux venus,
sur les intentions desquels nous ne fûmes fixés qu'après un long
colloque entre eux et mes deux serviteurs. C'était des Essas,
fraction de la race çomalie dont le territoire s'étend depuis le
fond du Goubbet-Kharab jusqu'à Zeyla. Nous ayant aperçus de
loin, ils avaient quitté leurs troupeaux pour venir nous voir et
kalamer. Malgré ces assurances pacifiques, il était prudent de
ne pas les accueillir en aussi grand nombre. Six d'entre eux,
après avoir laissé leurs lances et leurs couteaux sur le rivage,
reçurent l'autorisation de passer le chenal, que la marée basse
rendait guéable en ce moment. Ils vinrent s'asseoir sur la plage
de notre îlot, et bavardèrent un bon quart d'heure avec Mohamed
et Ali (nom de mes deux Çomalis), tout en chiquant avec délice
les feuilles de tabac que nous leur fîmes distribuer.

Nakouda se tenait en dehors du groupe, assis sur un amas de
blocs de lave du haut duquel il surveillait les abords de l'îlot.
Enfin, la curiosité et la gourmandise des Essas étant satisfaites,
on les congédia, car, mauvais nageurs, nous aurions risqué de
les avoir pour hôtes jusqu'au lendemain matin. L'eau montait,
en effet, et bientôt la profondeur du chenal nous assura la tran-
quillité.

Quelques minutes suffirent pour explorer complètement notre
étroit séjour. La végétation y était si pauvre qu'en dehors des
palétuviers, je ne vis qu'une sorte de câprier, que les Çomalis

nomment *addé*, plante dont ils utilisent le bois en guise de brosses à dents. Dans ce but, ils mâchonnent un bout de branche jusqu'à ce que, les fibres libériennes étant isolées les unes des autres, ils en aient formé une sorte de pinceau. Rien n'est plus fréquent, à Obock et à Aden, de rencontrer les Çomalis une branche d'addé aux lèvres.

Dans l'après-midi, je me décidai à faire une descente sur la côte, accompagné de Nakouda, de mes deux Çomalis et d'un homme de l'équipage, tous bien armés. La traversée du chenal en canot se fit sans difficulté, et, après trois quarts d'heure de marche, nous avions atteint un sommet d'où l'on domine presque toute l'étendue du Goubbet-Kharab. Vers le nord, les deux promontoires semblent appartenir à une même coulée volcanique ; le petit écueil que nous avons signalé comme partageant en deux passes le goulet de la baie, paraît n'être lui-même qu'un débris de la barrière de lave qui, autrefois, s'étendait d'une côte à l'autre. Nous avons vu que, de l'entrée du golfe de Tadjoura jusqu'au Goubbet, la mer occupait de moins en moins d'espace. La violence des vagues, en s'engouffrant de l'est à l'ouest dans cette sorte d'entonnoir, a dû rompre la digue qui lui était opposée.

Ce qui rend cette hypothèse probable, c'est que les versants des deux caps et de l'écueil qui regardent le large sont taillés à pic, tandis que les versants ouest, qui n'ont point à subir le choc de la mer, plongent graduellement en pente douce dans les eaux du Goubbet.

Mes recherches botaniques furent plus fructueuses que sur l'îlot, et de nombreux échantillons s'empilèrent dans la boîte à herboriser.

Le retour au canot se fit par dessus un chaos de blocs, mesurant de deux à quatre mètres cubes où, le plus souvent, un seul pied trouvait un point d'appui. A peine une demi-enjambée était-elle faite, qu'il fallait immédiatement trouver son équilibre sur quelque autre saillie, sous peine de choir entre deux rocs. Si l'on ne m'eût débarrassé de mes armes et autres impedimenta, si je n'eusse été chaussé d'espadrilles, que de chutes n'aurais-je pas faites !

La journée se termina, du reste, par un incident qui aurait

pu avoir de plus sérieuses conséquences. Lorsqu'il fallut, à la nuit, accoster le boutre, les hommes ne purent maintenir bord à bord le canot très chargé et mu d'une trop grande vitesse. Un fort courant nous emporta. Pour comble de malheur, un des deux avirons était tombé à l'eau et le gouvernail avait disparu en frôlant une amarre. La petite embarcation où se trouvaient entassés mon compagnon, moi, Nakouda, les deux Çomalis, trois hommes de l'équipage et le guide dankali, dériva dans la direction du goulet avec une vitesse de près de un mètre par seconde. En cette circonstance, je pus juger du remarquable sang-froid des marins que j'avais avec moi.

Sans qu'aucune discussion se fût élevée, sans même qu'aucun ordre eût été donné, les trois hommes d'équipage et le moins bon rameur des Çomalis se jetèrent à l'eau pour délester le canot et aller à la recherche de l'aviron perdu. Il flottait non loin de là, emporté comme nous par le courant. Le nageur qui le saisit le tendit à Nakouda et se remit à lutter contre le courant dans la direction du boutre d'où une amarre avait été lancée.

En possession des deux avirons que le Çomalis restant et Nakouda manœuvraient vigoureusement, le canot put enfin accoster. Qant aux quatre hardis marins que nous laissions derrière nous, ils nageaient entre deux eaux ; leurs têtes noires n'apparaissaient à la surface que le temps nécessaire pour respirer. Ils avaient tous servi en qualité de plongeurs pour la pêche des perles, et l'on sait que l'adresse à nager de ceux qui pratiquent cette profession est proverbiale. Ils embarquèrent tous sans autre incident.

3 février. — À six heures du matin, au moment de la marée étale, nous passons le détroit. Quinze jours avant nous, la cannonière en station à Obock avait failli s'y perdre à marée descendante. Sa quille avait touché et le courant l'avait prise un instant en plein travers.

Le vent favorable permit à Nakouda de gouverner de manière à suivre la côte à peu de distance. Rien n'est plus triste que ces montagnes mamelonnées, la plupart entièrement formées d'éboulis chaotiques. Nous passâmes devant une crique qui porte le nom de *Adaëli*, remarquable par un dyke de porphyre rouge s'élevant droit comme un mur à une hauteur de cent cinquante mètres. Ses deux parois, absolument verticales, plongent, l'une dans la crique, tandis que l'autre, appliquée presque au contact contre la chaîne principale, ne laisse entre elle et cette dernière qu'un profond et obscur défilé.

A peine le boutre eut-il doublé cette effrayante saillie, qu'une vallée couverte d'arbustes apparut à notre gauche. Nous nous trouvions alors à l'extrémité sud-est du Goubbet-Kharab, et le mouillage qui s'offrait à nous était bien abrité. Cependant, je n'y fis qu'une courte descente, car, contre mon attente, la vallée se trouva n'être qu'une impasse brusquement arrêtée par des hauteurs impraticables. Après y avoir déjeuné, je me contentai d'y prendre deux vues photographiques (pl. v), et le boutre reprit sa marche, le cap mis sur l'îlot *Had-Ali*, situé à cinq milles vers l'ouest.

Les montagnes, hautes de trois cents mètres dont nous longions la base, avaient un aspect très différent de celles qui entourent la rive opposée du Goubbet-Kharab. Leurs flancs beaucoup plus unis montrent une succession d'assises horizontales et leurs sommets sont en forme de table. Il est vrai que la nature de la roche qui les constitue n'est pas la même que celle des montagnes précédentes. Ce sont des trachytes en tout semblables à ceux qui ont surgi sur la côte d'Arabie, à Aden, distant de 150 milles du lieu où nous nous trouvions.

Nous n'étions pas à mi-route de l'îlot Had-Ali que le vent fraîchit subitement et avec une grande intensité, ainsi que cela arrive quelquefois à la surface des lacs entourés de montagnes. De fortes lames se suivant en colonnes serrées arrivèrent du Nord, c'est-à-dire que leur impulsion tendait à nous pousser vers la côte très élevée et absolument accore dont nous étions en ce moment fort rapprochés. Nous roulions bord sur bord. Le canot, qui avait été mis à la remorque en raison du court trajet à parcourir, bondissait d'une lame à l'autre en secouant son amarre, et les brusques inclinaisons de notre embarcation le lançait tantôt sur notre droite, tantôt sur notre gauche. Vingt fois nous le crûmes sur le point de chavirer. Le gouvernail, dont Nakouda tenait la barre, mollissait à chaque poussée violente de la mer et le boutre y répondait par de fortes embardées.

Notre situation n'était certainement pas sans quelque péril, car Nakouda, les traits contractés, abandonna la barre à deux des matelots dont les efforts réunis parvinrent à lui rendre son action. Quant à lui, il grimpa en haut du mât dont la pointe décrivait sur le ciel de fantastiques zigzags ; et les yeux fixés sur l'îlot, il attendit le moment critique de donner l'ordre de virer de bord pour mouiller. Ce moment ne se fit pas longtemps attendre.

Pour atteindre l'abri que nous offrait le chenal situé entre la terre et l'îlot, il fallait tourner court. Son entrée était étroite et notre marche se faisait suivant une direction perpendiculaire à celle que l'on devait prendre afin d'y pénétrer. On amena lestement la voile en laissant tomber l'ancre et en établissant à l'avant un foc de fortune. Cette dernière manœuvre fut exécutée de la manière la plus originale par un de mes Çomalis. Déployant son *marro* (pièce d'étoffe rectangulaire qui lui servait de vêtement), il l'orienta au vent et, à l'aide de ses pieds et de ses mains, il en écarta et fixa les deux angles supérieurs et inférieurs. Le vent était si violent que ce primitif vêtement offrit assez de surface pour nous conduire en eau calme, derrière l'îlot.

Cette heureuse arrivée eut pour conséquence de mettre l'équipage en gaieté. C'était à qui ferait partie de l'excursion à terre. Force fut à Nakouda d'exiger du mousse qu'il restât seul à veiller sur le boutre. Au nombre de neuf, nous fîmes l'ascension de la côte abrupte qui se dressait en face de l'îlot. La pente, très raide, ne nous permit pas d'arriver jusqu'au sommet; aussi, après avoir obliqué à gauche et contourné une sorte de terrasse, nous descendîmes dans un ravin profondément creusé dans l'enceinte montagneuse du Goubbet. Ce ravin, dont une levée de galets m'avait dissimulé l'étendue, se prolonge dans l'intérieur à une très grande distance de la mer.

Tout près de la levée de galets se dressaient les stipes bifurqués de nombreux palmiers *doums* (Hyphœne thebaïca), que les habitants de cette partie de l'Afrique nomment *Tafi*. Les nattes multicolores, les paniers de diverses formes que l'on tisse à Tadjoura, sont faits avec les feuilles de ces arbres, après qu'elles ont été divisées en étroites lanières. Le palmier *doum* étant très rare sur la côte des Danakils, c'est de Zeyla que sont importées leurs feuilles. La rencontre de ces arbres était une véritable aubaine pour notre guide. Il fit une ample récolte pendant que, de notre côté, nous donnions la chasse à de nombreux digs-digs.

L'endroit où nous nous trouvions, appelé par Nakouda : *Oued Tafi*, a une importance politique considérable. Il forme la limite des territoires appartenant à deux races distinctes, les Çomalis Essas et les Danakils. Ces nomades, ennemis les uns des autres, évitent des rencontres qui ne vont jamais sans l'échange de coups de lance. C'est ce que je compris à quelques mots arabes et surtout à la mimique expressive de mes deux Çomalis. Ils m'expliquèrent de la même façon que si nous ne trouvions pas les cavités que les nomades ont l'habitude de creuser en ce point pour trouver l'eau douce, c'est qu'elles avaient été comblées par les derniers occupants, Çomalis Essas ou Danakils, afin d'empêcher que leurs adversaires en fissent usage.

Vers cinq heures du soir, nous retournâmes au mouillage et, par exception, nous installâmes notre bivouac sur l'îlot qui, par suite de la profondeur du chenal, offrait un abri sûr. Une petite hutte de pierres, autour de laquelle étaient répandus des débris de carapace de tortue à écailles et des valves d'huîtres perlières, nous parut une habitation des plus confortables.

Le lendemain 4 février, j'employai la journée à faire pêcher aux abords de l'îlot une foule d'animaux rares, des euryales, astérides, ascidies, etc. Les plongeurs firent merveille.

5 février. — Au moment de l'appareillage, j'indique à Makouda la direction du nord-ouest, c'est-à-dire celle où le Goubbet s'enfonce le plus profondément dans les terres. J'attachai une grande importance à visiter cette partie de la baie, surtout au point de vue zoologique. J'aurai pu, en outre, tenter de là une exploration au lac Assal, distant de quinze à vingt kilomètres de la côte et qu'aucun Européen n'a jamais atteint par cette voie. Il est probable que ce lac était autrefois en communication directe avec le Goubbet Kharab, ainsi que ce dernier l'est encore avec la mer par une passe étroite. L'évaporation continuelle de ses eaux a fait déposer sur ses bords une épaisse couche de sel et son niveau a, de ce fait, considérablement baissé. Ce niveau serait d'après le voyageur Rochet d'Héricourt, de 185 mètres en contrebas de celui de la baie Tadjoura. Les Danakils prétendent

que, sur le flanc d'une des falaises qui dominent le lac Assal, on voit sourdre à certains moments de la journée une chute d'eau. Peut-être est-ce là l'effet d'une communication souterraine avec le Goubbet-Kharab au moment de la marée haute ?

Soit que le danger couru l'avant-veille l'eût rendu trop prudent, soit que réellement il ne connût point ces parages, Nakouda se refusa à suivre la route que je lui indiquai. Il m'assura que le vent était trop fort et qu'il n'existait pas de mouillage dans cette direction. Et chaque fois que j'insistais, il me répondait : « beaucoup *khamsin*, pas *mersa* ».

Il fallut donc renoncer à mes projets et aller à la recherche d'un autre mouillage sur la rive nord du Goubbet, la seule qu'il fût possible de visiter. Nous quittions le point extrême de notre voyage et à partir de ce moment nous eûmes le vent contraire par suite de la mousson N.-E. qui, sous cette latitude, souffle depuis le mois de janvier jusqu'au commencement de juin.

Les bordées que nous courûmes pour gagner contre le vent, nous rapprochèrent un moment d'un îlot très élevé, remarquable par sa forme en dôme et sa couleur jaunâtre. D'après mes Çomalis, cet îlot est inaccessible ; des trésors y sont cachés et des démons en défendent l'approche, d'où son nom *djezireh djeni* (île des diables). Je relevai aussi dans la direction du nord-ouest une cime bleuâtre désignée sur les cartes sous le nom de *Souaro* et, du côté nord, un massif imposant dominé par le *Goudah* dont la hauteur serait de 1,675 mètres.

A 11 heures, le boutre mouille en face d'une plage de la rive nord. Je vais en canot visiter un écueil fait d'une lave dans laquelle sont enchâssés une quantité prodigieuse de cristaux brillants. Une pyramide de blocs y a été élevée dans le but d'en signaler l'approche. De retour à la plage, j'aperçois le guide dankali kalamant avec deux nomades, un homme et une femme qui font boire leurs chèvres. Ces animaux ne pouvant descendre dans les trous très étroits au fond desquels se trouvait l'eau, leur gardien a été obligé de suspendre une grande peau de bouc sur quatre piquets. Tous les pasteurs danakils ou essas se servent, pour leurs troupeaux, d'abreuvoirs improvisés de la sorte.

6 février. — Le guide dankali part pour Sagallo. Nous n'avons

plus besoin de ses services, car désormais nous ne ferons de descente que sur la côte sud du golfe de Tadjoura habitée par les Çomalis Essas.

A 9 heures, nous appareillons, et tout en louvoyant au plus près, nous atteignons le goulet ; mais la violence du vent nous contraint à relâcher à quelques mètres d'une petite plage située derrière le promontoire sud, non loin du dyke de porphyre rouge que nous avions doublé trois jours auparavant. Demain matin seulement, si le vent se calme, il nous sera possible de sortir du Goubbet. Le mouillage où nous sommes est dominé de tous côtés par d'immenses cheires de lave. Je renonce bien vite à marcher au milieu de leurs anfractuosités sans nombre.

La crique Adaëli n'étant pas très éloignée, je m'y fais conduire en canot par Nakouda et les deux Çomalis. La petite embarcation rase une falaise rocheuse qui présente peu d'endroits accessibles. Aucune ondulation ne ridant la surface de l'eau, on distingue facilement quelques huîtres perlières fixées sur les rochers dont le degré d'inclinaison dans la mer est aussi brusque que celui de la paroi d'une jetée. Les Çomalis plongent à tour de rôle, mon marteau de géologie à la main, afin d'en détacher un certain nombre. Aucune de celles qu'ils rapportent ne contient de perles. Les beaux échantillons de porphyre dont je charge le canot me consolent de cette pêche infructueuse.

Dans la soirée, je fais préparer la drague pour pêcher à vingt mètres de la côte, il est impossible de trouver le fond, toute notre corde y aurait passé sans résultat. Le canot est alors dirigé en face de la petite plage, dont la faible inclinaison fait présumer des conditions plus favorables.

7 février. — On distingue très nettement au milieu du goulet un fort courant venant du large, sa surface agitée lui donne l'apparence d'un torrent. Le boutre avance prudemment, par petites bordées. Nous n'avons que deux à trois mètres d'eau sous la quille et un de mes Çomalis, qui veille à l'avant, crie de moment à autre : *taïba* (tout va bien). La rapidité du courant diminue à vue d'œil. Nous mouillons cependant, pour attendre l'intervalle qui sépare le jeu des deux marées. Enfin, à 9 heures, après avoir passé au travers des fortes lames qui bouillonnent dans l'étroit passage, nous nous trouvons balancés par la houle du golfe de Tadjoura.

A deux heures du soir, nous débarquons au mouillage de *Belgouiré Ali*. Notre présence attire une bande de quatorze Essas qui viennent à nous, après avoir déposé leurs armes à cinq cents mètres de la plage. Plusieurs d'entre eux nous connaissent déjà pour nous avoir vus la veille de notre entrée dans le Goubbet. Ils défilent tous gravement, chacun d'eux nous tendant une main, qu'ils font glisser sur les nôtres présentées à leur façon, les doigts étendus et rapprochés.

Il arrivait quelquefois que les Danakils des environs d'Obock nous abordaient de la même manière. J'ai appris cependant qu'il y avait des variantes. C'est ainsi que lorsque deux indigènes se connaissent, ils se donnent un *glissement* de main avec quatre doigts seulement, le pouce étant placé pardessus la face dorsale de leurs mains. Lorsqu'ils abordent un chef ou un étranger auquel ils veulent témoigner de la considération, le glissement est double, car dans ce cas, ils se servent des deux mains, l'une glissant sur la face palmaire, l'autre sur la face dorsale. Je me plais à dire que j'ai été gratifié plusieurs fois de cette insigne faveur.

Après le défilé pacifique des Essas, toute l'assistance s'assit sur la grève. Des feuilles de tabac distribuées à la ronde furent hachées menu, mélangées avec la cendre d'un feu allumé sur place, puis roulées en boulette. Chacun des nomades s'introduisit cette agréable friandise dans la bouche, ce qui ne gêna en rien le cours de leur conversation. De temps à autre, celui d'entre eux qui paraissait le plus âgé parlait longuement au milieu du silence général. Il ne débitait jamais plus de vingt à trente mots, sans faire chaque fois une pause comme pour reprendre sa respiration, mais en réalité pour attendre que l'auditoire eût prononcé le mot *aiè*, qui est sans doute un encouragement à continuer. Mon marteau de géologie, de taille respectable, les intriguait fort. Ils se le passèrent de main en main, se demandant, sans doute, si c'était là quelque arme d'une puissance extraordinaire. Un de mes Çomalis, nommé Ali, très discoureur et d'un naturel fort gai, tirant parti de leur curiosité, excita chez eux une grande hilarité en parlant très haut et en brandissant l'arme mystérieuse avec force gestes de matamore. Il me parut menacer plaisamment les Essas d'un massacre général.

A la nuit tombante, nous nous retirâmes sur notre refuge flottant que l'équipage éloigna, par prudence, un peu plus au large. Nous étions là certainement à l'abri d'une attaque, mais le roulis me cahota de telle façon que je ne pus dormir.

8 février. — Notre projet était d'aborder au mouillage de *Djebel Liba* (montagne du Lion), qui forme cap à cinq milles à l'est, toujours sur la côte des Essas. Nous nous en étions approchés de très près, lorsqu'un coup de vent obligea brusquement le boutre à fuir vent arrière et à jeter l'ancre à trois milles seulement de notre point départ, sur un point de la côte que nos visiteurs de la veille, accourus aussitôt, désignèrent sous le nom de *Audoub*.

Dans la soirée, deux des Essas restèrent sur la plage. Je parvins à les photographier, non sans user de beaucoup de diplomatie, car ils manifestaient la plus grande répugnance à se placer devant l'objectif.

9 février. — Nous appareillons pour nous diriger sur Djebel Liba. Nous y arrivons assez tard, après avoir essuyé au large un fort grain que l'équipage a reçu en amenant complètement la voile, en abandonnant la barre et en psalmodiant une prière à Allah. Le boutre, livré à la lame, virait vers les quatre points cardinaux, embarquait des paquets de mer sur toutes les faces. Sous les torrents d'eau glacée que le grain déchargeait sur nos têtes, Nakouda et l'équipage grelottaient, tout en se recroquevillant dans les plis de la voile.

Le mouillage de Djebel Liba est bien abrité du vent d'est. Un large lit de rivière se continuant dans la direction des montagnes situées vers le sud, y a son embouchure. Une trentaine d'Essas, parmi lesquels quatre femmes, viennent nous visiter ; leurs armes ayant été préalablement déposées à distance convenable. Trois des hommes nous présentent du lait, dans des bouteilles de cuir, de forme originale et ornées de coquillages et de lanières tressées assez finement. Les femmes déposent à terre des chevreaux. Elles les ont transportés jusqu'ici, en maintenant une paire de pattes dans chaque main ; le reste du corps de l'animal étant couché au dessus de la large surface stéatopygique dont la nature les a gratifiées. Cette conformation est assez répandue chez diverses races africaines. On l'observe aussi,

mais moins marquée, chez les femmes danakiles. De même que
leurs compagnes essas, elles l'utilisent soit pour le transport des
marchandises, soit même de leur progéniture.

En examinant ce grand nombre d'indigènes, je remarquai
que les Essas sont, en général, moins noirs que les Danakils ;
quelques-uns avaient une teinte cuivrée. Un usage très répandu
chez eux, et commun à toute la race çomalie, est d'enduire leur
chevelure d'un mélange de chaux et de graisse. Les jours où la
température était le plus élevée étaient ceux où mes deux Çomalis
m'apparaissaient la tête couverte d'un épais mortier, qui se dur-
cissait au soleil. Leur but était évidemment de se préserver des
insolations. Ceux qui conservent cette coiffure de chaux pendant
plusieurs jours arrivent, par ce moyen, à colorer leurs cheveux
en jaune tirant sur le rouge. Il est à remarquer que cette colo-
ration est très appréciée dans tout l'Orient. En Algérie et en
Arabie, on l'obtient avec la décoction du *henné*.

J'observai aussi que le costume des femmes çomalies diffère
de celui des femmes danakiles. Les premières sont drapées dans
une pièce d'étoffe blanche, nouée sur une épaule, à la façon d'un
peplum. Autour de la taille sont attachés de larges tabliers faits
d'un cuir très souple. Leurs cheveux, enfermés dans une coiffe
appelée *maskane*, laissent le front complètement à découvert.
Les femmes danakiles (pl. vi) sont vêtues tout différemment.
La pièce d'étoffe dont elles se couvrent le plus souvent dans le
plus grand désordre est une cotonnade de couleur bleue foncée.
Leurs bijoux, beaucoup plus grossiers que ceux des Essas, con-
sistent, le plus souvent, en d'énormes pendants de cuivre massif suspendus en avant des oreilles. Leur chevelure est également enfermée dans une coiffe, mais rabattue au dessus du
front, disposition absolument inverse de celle que l'on observe
chez les femmes essas. Les jeunes filles de l'une et l'autre race
sont toutes fort jolies. Une coutume fréquente chez les popula-
tions de l'Afrique orientale et générale chez les Çomâlis, est
celle de l'infibulation [1]. Cette coutume n'existe pas chez les
Danakils.

En voyant des Essas armés, on les prendrait facilement pour

1. Expression habituellement employée, mais que je crois inexacte, pour
l'usage çomali, car il s'agit d'une réunion cicatricielle sans suture préalable.

des Danakils. Ils sont, en effet, aussi simplement vêtus et ils ont la même lance (doäné), le même bouclier (gacha), le même couteau (golhad), bien que, dans leur langue, les noms donnés à ces armes soient différents [1]. Cependant, à en juger par la plus grande variété d'ustensiles dont ils font usage, ils doivent être un peu moins arriérés. Parmi ces ustensiles, je citerai seulement le plus singulier, c'est un oreiller en bois nommé *barki*, présentant une partie concave destinée à être placée directement sous la tête, et un pied à base élargie reposant sur le sol. Le voyageur, M. Révoil, qui a aussi observé cet oreiller chez les Çomalis de Berbera et du cap Guardafui, a fait ressortir dans son ouvrage la ressemblance qu'il présente avec celui des anciens Egyptiens.

10 février. — Le vent, toujours contraire et très violent, vient malencontreusement s'opposer à ce que l'itinéraire que je m'étais tracé fût complètement parcouru. Il fut imposssible d'atteindre les îles *Mashah* (Mushah sur les cartes), situées à vingt milles à l'est. Les bordées que nous courûmes nous conduisirent, tantôt sur la côte dankalie, tantôt sur celle des Essas. La nuit survenant, il fallut mouiller l'ancre à un mille de Tadjoura, à la Mersa de Cheik-Ahmed, tout près du tombeau d'un saint personnage qui porte ce nom.

11 février. — Nous appareillons à destination d'Obock ; mais Nakouda, dans le but de prendre le vent, dirige le boutre jusqu'à proximité d'Ambado. Je renonce à y débarquer, dans l'espoir qu'il nous sera possible, avant la nuit, de nous arrêter à l'une des îles Mashah.

Vers cinq heures du soir, nous sommes proche du cap Jiboutil, à huit milles des îles précédentes. Le vent tombe complètement. Le calme plat de la mer me permet d'observer un phénomène comparable au mascaret [2], une lame unique, haute de cinq mètres, venant de l'est, après nous avoir soulevés soudainement, poursuit sa route dans la direction du Goubbet Kharab, avec une vitesse qui me parut prodigieuse.

1. Les autres fractions de la race çomalie dont M. Révoil a parcouru le territoire (*Voyage au pays des Çomalis*) se font remarquer par un armement très différent de celui des Essas et des Danakils.

2. C'était l'heure du commencement de la marée haute.

Dans la nuit, le cap est mis définitivement sur Obock, peu de temps après avoir passé à l'endroit où, le 4 juin 1859, Henri Lambert, consul français à Aden, fut assassiné par l'équipage de son boutre[1].

Le lendemain seulement, 12 février, nous débarquions sur la plage d'Obock.

Dr LIONEL FAUROT.

1. Voir le *Tour du Monde* de 1862, page 77.

OBOK.

VALLÉE DES JARDINS. — TOUR SOLEILLET. — FACTORERIE.

OBOK.

VILLAGE D'OBOK.

FALAISE DE LA RIVIÈRE D'OBOK.

OBOK. — (Tadjoura.)

Rive Sud du Goubbet-Kharab.

OBOK.

AHMED BEN MOHAMMED,

SULTAN DE TADJOURA.

OBOK.

FEMME DANKALI.